MAÎTRISEZ L'ART DE FAIRE DES BOULETTES DE VIANDE

50 RECETTES L'EAU À LA BOUCHE

VICTOR ROUX

Tous les droits sont réservés.

Avertissement

Les informations contenues dans i sont destinées à servir de collection complète de stratégies sur lesquelles l'auteur de cet eBook a effectué des recherches. Les résumés, stratégies, trucs et astuces ne sont que des recommandations de l'auteur, et la lecture de cet eBook ne garantira pas que les résultats refléteront exactement les résultats de l'auteur. L'auteur de l'eBook a fait tous les efforts raisonnables pour fournir des informations actuelles et exactes aux lecteurs de l'eBook. L'auteur et ses associés ne seront pas tenus responsables de toute erreur ou omission involontaire qui pourrait être trouvée. Le contenu de l'eBook peut inclure des informations provenant de tiers. Les documents de tiers comprennent les opinions exprimées par leurs propriétaires. En tant que tel, l'auteur de l'eBook n'assume aucune responsabilité pour tout matériel ou avis de tiers.

retransmise sous quelque forme que ce soit sans l'autorisation écrite expresse et signée de l'auteur.

TABLE DES MATIÈRES

INTRODUCTION

Une boulette de viande est un aliment qui se définit: c'est littéralement une boule de viande. Mais avant de commencer à ramasser des touffes de bœuf haché dans une poêle et à appeler votre triste dîner «boulettes de viande», prenons du recul.

Apprenez à faire des boulettes de viande faciles vous-même à la maison et faites-les cuire de manière à ce qu'elles soient parfaitement dorées à l'extérieur mais toujours juteuses au milieu. Voici quelques trucs et astuces pour des boulettes de viande parfaites:

La viande hachée

Vous pouvez utiliser n'importe quelle viande hachée ou mélange de viande hachée que vous aimez. Le favori des fans est un mélange de bœuf haché et de porc. L'agneau haché, la dinde, le poulet, le veau ou le buffle sont également du gibier équitable.

Breadcrumb & Milk Binder

Une astuce pour s'assurer que les boulettes de viande sont totalement tendres une fois cuites consiste à utiliser un liant. Ce liant aide à ajouter de l'humidité aux boulettes de viande et empêche également les protéines de viande de rétrécir et de devenir coriaces.

Évitez de surcharger la viande

Une autre astuce pour tendre les boulettes de viande est de ne pas trop travailler la viande - mélangez la viande avec le liant et d'autres ingrédients jusqu'à ce qu'ils soient combinés.

Rôtir ou mijoter les boulettes de viande

Vous avez deux options: les rôtir ou les faire mijoter dans une sauce. Le rôtissage est la meilleure option si vous prévoyez de servir les boulettes de viande dans autre chose qu'une sauce ou si vous prévoyez de congeler les boulettes de viande pour plus tard. La torréfaction donne également aux boulettes de viande un peu plus de saveur puisque l'extérieur saisit dans la chaleur du four.

Si vous prévoyez de servir les boulettes de viande avec une sauce, vous pouvez également faire cuire les boulettes de viande avec la sauce. Non seulement ce doux mijotage rend certaines des boulettes de viande les plus tendres et les plus savoureuses que vous ayez jamais eues, mais la sauce devient également plus riche et plus savoureuse au cours du processus.

BOULES DE VIANDE SANDWICH ET BURGER

1. Sandwichs chauds aux boulettes de viande

Ingrédient

a)   26 onces de sauce à spaghetti; divisé

b)   ½ tasse de chapelure fraîche

c)   1 petit oignon; haché finement

d)   ¼ tasse de fromage parmesan ou romano râpé

e)   1   Œuf

f)   1 cuillère à café de flocons de persil séché

g) 1 cuillère à café d'ail en poudre

h) 1 livres   Le bœuf haché

i) 4 Rouleaux de sandwich italiens

● Préchauffez le four à 350F. Dans un grand bol, mélanger ⅓tasse de sauce à spaghetti, la chapelure, l'oignon, le fromage, l'œuf, le persil et l'ail en poudre; bien mélanger. Ajouter le bœuf haché au mélange; bien mélanger. Façonner en environ seize boulettes de viande de 2 pouces et disposer dans un plat allant au four de 9 "x 13".

● Cuire au four pendant 20 minutes. Retirer du four et égoutter le liquide. Versez le reste de la sauce sur les boulettes de viande et remettez au four pendant 10 à 15 minutes de plus, ou jusqu'à ce qu'elles soient bien chaudes et bien cuites.

● Servir sur les rouleaux de sandwich.

2. Sous-marins aux boulettes de viande et aubergines

Ingrédient

- 1 livres   Boeuf haché maigre

- 14 onces de sauce à spaghetti assaisonnée au basilic; 1 pot

- 1 aubergine moyenne

- $4\frac{1}{2}$ cuillère à soupe   Huile d'olive; Divisé

- 1 oignon rouge moyen

- $\frac{1}{4}$ livres de champignons

- 4 pièces   Rouleaux ou baguettes de sandwich au pain français; 6-8 pouces de long

- 4 onces   Fromage provolone; 4 tranches

a) Trancher l'aubergine en steaks de $\frac{1}{2}$ à $\frac{3}{4}$ pouces et les déposer sur une assiette, saupoudrer de sel et laisser égoutter pendant 30 minutes.

b) Façonner le bœuf haché en douze boulettes de viande de 1 $\frac{1}{2}$ pouce de diamètre. Faites-les cuire dans une casserole, à feu doux, en les tournant fréquemment pour les faire dorer uniformément et éviter qu'elles ne collent. ajoutez la sauce à spaghetti. Laisser mijoter pour vous assurer que les boulettes de viande sont bien cuites.

c) Chauffer 3 cuillères à soupe d'huile d'olive et faire revenir doucement l'aubergine à feu moyen.

d) Saupoudrer de sel et de poivre au goût.

e) Faites cuire 4 minutes puis ajoutez les champignons.

f) Trancher les baguettes dans le sens de la longueur et superposer les morceaux de pain du bas avec une fine couche de steaks d'aubergine, puis recouvrir de 3 boulettes de viande.

g) Verser une généreuse quantité de sauces à spaghetti supplémentaires et répartir amplement les oignons et les champignons sur les boulettes de viande.

3. Sous-marins aux boulettes de viande copieux

Ingrédient

- 6 Rouleaux sous-marins (2 1/2 oz), non fendus

- 1 livres   Rond au sol

- 16 onces de sauce tomate sans sel ajouté, divisées

- $\frac{1}{4}$ tasse de chapelure assaisonnée

- $\frac{1}{4}$ tasse d'oignon émincé

- $\frac{1}{4}$ cuillère à café de sel

- 1 gousse d'ail émincée

- Spray de cuisson aux légumes

- 2 cuillères à café d'huile d'olive

- 1½ tasse de poivron vert, 1 1/2 "julienne coupé

- 1 tasse d'oignon émincé

- 2 cuillères à soupe Pâte de tomate

- ½ cuillère à café Basilic entier séché

a) Couteau incliné à un angle, coupez un morceau ovale de 5x1½ "sur le dessus de chaque rouleau. Retirez le rouleau en laissant une cavité de 1 ½" de large. Réserver les petits pains; réserver le pain restant pour un autre usage.

b) Combiner le rond moulu, ¼ tasse de sauce tomate et les 4 ingrédients suivants dans un autre bol; bien mélanger,. Façonner en 54 boulettes de viande (1 pouce); déposer sur une grille enduite d'un enduit à cuisson. Placer la grille dans une rôtissoire. Cuire au four à 350 F. pendant 15 minutes ou jusqu'à cuisson complète.

c) Enduire une poêle antiadhésive d'un enduit à cuisson; ajouter l'huile. Placer sur feu moyen jusqu'à ce qu'il soit chaud. Ajouter le poivron et l'oignon; faire sauter 5 minutes. Ajouter le reste de la sauce tomate, la pâte de tomates et le basilic; laisser mijoter, à découvert, 5 minutes. Ajouter les boulettes de viande en remuant doucement pour enrober; cuire 3 minutes ou jusqu'à ce que le tout soit chaud.

4. Boules de jambon-hamburger aux ignames

Ingrédient

- 2 tasses Jambon haché; (environ 1/2 lb)

- ½ livres Mandrin moulu

- 1 tasse Chapelure de blé entier

- 1 Œuf; battu

- ¼ tasse Oignon émincé

- 2 cuillères à soupe Graines de tournesol salées -OU-

- ½ cuillère à café Le sel

- 2 boîtes (23 oz chacune) d'ignames; égoutté et coupé en cubes

- $\frac{1}{2}$ tasse Sirop de maïs noir

- $\frac{1}{2}$ tasse Jus de pomme ou jus d'ananas

- $\frac{1}{4}$ cuillère à café Noix de muscade

- 1 cuillère à soupe Fécule de maïs

a) Bien mélanger la viande hachée, la chapelure, l'œuf, l'oignon et les graines de tournesol.

b) Façonner en 12 à 16 boulettes de viande. Placer sur une grille dans la lèchefrite. Cuire les boulettes de viande dans un four préchauffé à 425 degrés pendant 15 minutes.

c) Placez les ignames dans Crock-Pot. Mélanger le sirop de maïs, le jus et la muscade et verser la moitié sur les ignames. Déposer les boulettes de viande dorées sur les ignames et garnir du reste de la sauce. Couvrir et cuire à feu doux pendant 5 à 6 heures.

d) Transférer les boulettes de viande dans un plat de service; mettre les ignames dans un bol de service et réserver au chaud. Incorporer la fécule de maïs à la sauce. Couvrir et cuire à puissance élevée jusqu'à épaississement; verser sur les ignames avant les portions.

5. Sandwichs aux boulettes de viande

Ingrédient

- Spray d'huile végétale antiadhésif

- $1\frac{1}{2}$ livres Boeuf haché maigre

- $\frac{1}{2}$ tasse Fromage parmesan râpé

- 2 grandes Des œufs

- $\frac{1}{4}$ tasse Persil frais haché

- $\frac{1}{4}$ tasse Cornflakes écrasés

- 3 grandes Gousses d'ail; haché

- $2\frac{1}{2}$ cuillère à café Origan séché

- $\frac{1}{2}$ cuillère à café Poivre blanc moulu

- $\frac{1}{2}$ cuillère à café Le sel

- 3 tasses Sauce marinara achetée

- 6 Longs rouleaux italiens ou français; fendu dans le sens de la longueur, grillé

- 6 Portions

a) Un sandwich classique qui est garanti pour satisfaire, qu'il soit servi comme déjeuner de fin de semaine ou comme souper facile en semaine.

b) Dans un grand bol, mélanger le bœuf haché, le parmesan râpé, les œufs, le persil frais haché, les flocons de maïs écrasés, l'ail émincé, l'origan séché, le poivre blanc moulu et le sel et bien mélanger.

c) À l'aide de mains humides, façonner le mélange de viande en rondelles de $1\frac{1}{2}$ pouce et placer sur une feuille préparée, en les espaçant uniformément.

d) Cuire les boulettes de viande jusqu'à ce qu'elles soient juste fermes au toucher.

6. Sous-marin végétarien aux boulettes de viande

Ingrédient

- 1 tasse Granulés Tvp

- 1 tasse Eau bouillante

- ½ tasse Chapelure

- ¼ tasse Farine de blé entier

- ½ cuillère à café Le sel

- ¼ cuillère à café Cayenne

- 1 cuillère à café sauge

- ½ cuillère à café Fenouil

- 1 cuillère à café Origan

- ½ cuillère à café Poudre d'ail

- ½ cuillère à café Thym

- 1 cuillère à café Huile d'olive

- 4 Rouleaux sous-marins (individuels)

- 1 tasse Sauce à spaghetti, réchauffée

- 2 médiums Poivrons verts, rôtis et sli

a) Combinez TVP et eau bouillante et laissez reposer jusqu'à ce que l'eau soit absorbée, environ 5 minutes. Ajouter la chapelure, la farine, le sel, le poivre de Cayenne, la sauge, le fenouil, l'origan, l'ail et le thym. Bien mélanger.

b) Former le mélange TVP en 12 boules. Frottez l'huile d'olive sur les paumes et roulez chaque boule dans vos mains pour les enrober. Placer sur une plaque à biscuits légèrement huilée et griller jusqu'à ce qu'elles soient dorées, 10 minutes. Placer trois boules dans chaque rouleau et garnir de sauce et de poivrons.

7. Sous-marins aux boulettes de viande et aubergines

Ingrédient

- 1 livres   Boeuf haché maigre

- 14 onces Sauce à spaghetti assaisonnée au basilic; 1 pot

- 1 moyen Aubergine

- $4\frac{1}{2}$ cuillère à soupe Huile d'olive; Divisé

- 1 moyen Oignon rouge

- $\frac{1}{4}$ livres Champignons

- 4 pièces   Rouleaux de sandwich au pain français ou Baguettes; 6-8 pouces de long

- 4 onces   Fromage provolone; 4 tranches

a) Trancher l'aubergine en steaks de $\frac{1}{2}$ à $\frac{3}{4}$ pouces et les déposer sur une assiette, saupoudrer de sel et laisser égoutter pendant 30 minutes.

b) Façonner le bœuf haché en douze boulettes de viande de 1 $\frac{1}{2}$ pouce de diamètre. Faites-les cuire dans une casserole, à feu doux, en les tournant fréquemment pour les faire dorer uniformément et éviter qu'elles ne collent.

c) Coupez l'oignon en fines rondelles, hachez grossièrement les champignons en morceaux irréguliers et réservez-les.

d) Rincez soigneusement les steaks d'aubergine, puis séchez-les. Chauffer 3 cuillères à soupe d'huile d'olive et faire revenir doucement l'aubergine à feu moyen,

e) Saupoudrer de sel et de poivre au goût. Retirer du feu et laisser égoutter.

f) Faites cuire 4 minutes puis ajoutez les champignons.

g) Trancher les baguettes dans le sens de la longueur et séparer le dessus du bas. Superposez les morceaux de pain du bas avec une fine couche de steaks d'aubergine, puis recouvrez de 3 boulettes de viande.

8. Boules de choucroute

Ingrédient

- 1 moyen Oignon émincé

- 2 cuillères à soupe Beurre

- 1 boîte Spam (sol)

- 1 tasse Corned-beef haché

- ¼ cuillère à café Sel à l'ail

- 1 cuillère à soupe Moutarde

- 3 cuillères à soupe Persil haché

- 2 tasses Choucroute

- ⅔ tasse Farine

- ½ tasse Bouillon de boeuf ou cube de bouillon, dissous dans 1/2 tasse d'eau

- 2 Œufs bien battus

- ½ tasse Chapelure

- ⅛ cuillère à café Poivre

a) faire revenir les oignons dans le beurre, ajouter le spam, le corned-beef. Cuire 5 minutes et remuer souvent. Ajouter l'ail sel, la moutarde, le persil, le poivre, la choucroute, ½ tasse de farine et le bouillon de bœuf. Bien mélanger. Faites cuire 10 minutes.

b) Étalez sur une assiette pour refroidir. Façonner en petites boules. Rouler dans la farine, tremper dans les œufs et rouler en miettes. Faites frire dans la graisse chaude à 375 degrés jusqu'à ce qu'ils soient dorés.

SOUPES ET RAGUETTES À LA VIANDE

9. Sopa de albondigas (soupe aux boulettes de viande)

Ingrédient

- 1 Oignon émincé

- 1 Gousse d'ail hachée

- 2 cuillères à soupe Huile

- $\frac{3}{4}$ livres Le bœuf haché

- $\frac{3}{4}$ livres Porc Haché

- ⅓ tasse Riz cru

- 1½ cuillère à café Le sel

- 4 onces   Sauce tomate

- 3 litres De bouillon de bœuf

- ¼ cuillère à café Poivre

- 1   Œuf légèrement battu

- 1 cuillère à soupe Feuilles de menthe hachées

a) Faire fondre l'oignon et l'ail dans l'huile; ajouter la sauce tomate et le bouillon de bœuf. Porter à ébullition. Mélanger la viande avec le riz, l'œuf, la menthe, le sel et le poivre; façonner en petites boules.

b) Plongez dans le bouillon bouillant. Couvrir hermétiquement et cuire 30 minutes. Va geler bien.

10. Soupe mexicaine aux boulettes de viande et tortillas

Ingrédient

α) 1½ livres Boeuf haché maigre

β) Veges

χ) Mélanger le bœuf haché avec la coriandre, l'ail, le jus de lime, le cumin, la sauce piquante et le sel et le poivre. Formez des boules de 1 once.

δ) Cuire jusqu'à ce qu'il soit doré de tous les côtés, environ 5 minutes.

ε) Soupe: Dans une grande marmite, chauffer 2 cuillères à soupe d'huile végétale. Ajoutez les oignons et l'ail.

φ) Ajouter les piments et cuire 2 minutes. Ajouter les tomates et leur jus, le bouillon de poulet, la poudre de chili, le cumin et la sauce piquante. Laisser mijoter pendant 15 à 20 minutes.

γ) Dans un petit bol, mélanger la farine et le bouillon de poulet. Fouetter dans la soupe. Portez à ébullition. Réduire le feu et laisser mijoter 5 minutes. Ajouter les boulettes de viande et laisser mijoter encore 5 minutes.

11. Soupe aux boulettes de viande citronnée

Ingrédient

- 1 livre de bœuf haché
- 6 cuillères à soupe de riz
- 1 cuillère à café de paprika
- 1 cuillère à café de sarriette séchée
- Sel poivre
- Farine
- 6 tasses   L'eau
- 2 cubes de bouillon de boeuf

- $\frac{1}{2}$ bouquet d'oignons verts; découpé en tranches
- 1 poivron vert; haché
- 2 carottes; pelé, tranché finement
- 3 tomates; pelé et haché
- 1 Sm. piments jaunes, fendus
- $\frac{1}{2}$ bouquet de persil; haché
- 1 oeuf
- 1 citron (jus uniquement)

a) Mélanger le bœuf, le riz, le paprika et la sarriette. Assaisonner au goût avec du sel et du poivre. Mélangez légèrement mais soigneusement. Former des boules de 1 pouce, puis rouler dans la farine.

b) Mélanger l'eau, les cubes de bouillon, 1 cuillère à soupe de sel, 1 cuillère à café de poivre, les oignons verts, le poivron vert, les carottes et les tomates dans une grande bouilloire. Couvrir, porter à ébullition, réduire le feu et laisser mijoter 30 minutes.

c) Ajouter les boulettes de viande, couvrir et porter à nouveau à ébullition. Réduire le feu et laisser mijoter 20 minutes. Ajouter les piments et laisser mijoter, couvert, 40 minutes ou jusqu'à ce que le riz soit cuit. Ajouter le persil pendant les 5 dernières minutes de cuisson.

12. Chaudrée de boulettes de viande

Ingrédient

- 2 livres   Bœuf maigre haché

- 2 cuillères à soupe de lait

- Épices

a) Pour faire des boulettes de viande, mélanger tous
    les ingrédients sauf l'huile; bien mélanger. Former
    des boules de la taille d'une noix (40 à 50 boules).
    Chauffer l'huile et faire dorer légèrement les
    boules.

b) Chaudrée: Dans une bouilloire de 8 à 10 litres, porter à ébullition tous les ingrédients sauf le Mexicorn. Réduire le feu et laisser mijoter 30 minutes, en ajoutant Mexicorn pour les 10 dernières minutes. Ajouter les boulettes de viande dorées. Donne 6-7 litres.

13. Soupe aux boulettes de viande au gingembre et au cresson

Ingrédient

- 1 boîte (8 onces) de châtaignes d'eau

- 1 livres   Porc maigre finement haché

- $4\frac{1}{2}$ cuillère à café de gingembre frais pelé et émincé

- 1   Poivre blanc moulu, au goût

- $1\frac{1}{2}$ cuillère à café de sauce soja

- $2\frac{1}{8}$ cuillère à café de fécule de maïs

- Sel au goût

- 5 tasses de bouillon de légumes

- 5 tasses de bouillon de poulet

- 1 Le sel

- 1 Poivre noir fraichement moulu

- 2 Grappes de cresson, hachées

- 3 Oignon vert, haché finement

a) Boulettes de viande: Hachez finement 12 des châtaignes d'eau. Réservez les autres pour la garniture. Mélanger le porc, le gingembre, les châtaignes d'eau hachées, la sauce soja, la fécule de maïs, le sel et le poivre. Bien mélanger et former des boules de $\frac{3}{4}$ de pouce de diamètre.

b) Soupe: Faites mijoter le bouillon de légumes et le bouillon de poulet dans une grande casserole. Mettez un quart des boulettes de viande dans le bouillon et faites-les pocher jusqu'à ce qu'elles atteignent le sommet.

c) Assaisonner avec du sel et du poivre noir au goût. Baissez le feu à moyen-doux. Ajoutez le cresson et les oignons verts.

d) Cuire à découvert pendant quelques minutes jusqu'à ce que le cresson soit légèrement fané.

14. Ragoût de boulettes de viande à l'italienne

Ingrédient

- 1½ livre de bœuf haché maigre

- ½ tasse de chapelure fine

- 2 Œufs battus

- ¼ tasse de lait

- 2 cuillères à soupe de parmesan râpé

- 1 cuillère à café de sel / poivre

- $\frac{1}{8}$ cuillère à café de sel à l'ail

- 2 Carottes pelées et coupées

- 6 onces   Pâte de tomate

- 1 tasse de bouillon de boeuf

- $\frac{1}{2}$ cuillère à café d'origan

- 1 cuillère à café de sel assaisonné

- $\frac{1}{2}$ cuillère à café de basilic

- 10 onces congelées à l'italienne

  α) Légumes partiellement décongelés

  β) Mélanger le bœuf avec la chapelure, les œufs, le lait, le fromage, le sel, l'ail, le sel et le poivre. Former des boules de 2 pouces. Déposer les carottes au fond d'une marmite à cuisson lente.

  χ) Disposer les boulettes de viande sur les carottes. Mélanger la pâte de tomate avec l'eau, le boullion, l'origan, le sel assaisonné et le basilic. Versez sur la viande. Couvrir et cuire à feu doux pendant 4 à 6 heures.

  δ) Couvrir et cuire à puissance élevée de 15 à 20 minutes ou jusqu'à ce que les légumes soient tendres.

15. Soupe aux boulettes de viande de chevreuil

Ingrédient

- $\frac{1}{2}$ livres   Cerf maigre ou agneau,

- Sol deux fois

- $\frac{1}{2}$ tasse de riz cuit, de blé moulu

- Ou bulghour

- $\frac{1}{4}$ tasse   Oignon finement haché

- $\frac{1}{4}$ tasse   Persil finement haché

- 2 canettes   Bouillon de poulet condensé

- (10-1 / 2 onces chacun)

- 2 canettes   L'eau

- $\frac{1}{3}$tasse   Jus de citron

- 2 Des œufs

- Sel poivre

a) Combinez les quatre premiers ingrédients. Façonner en boules de $\frac{3}{4}$ pouces. Chauffer le bouillon et l'eau à ébullition. Ajouter les boulettes de viande; laisser mijoter 15 à 20 minutes. Dans une soupière, battre le jus de citron et les œufs jusqu'à consistance lisse.

b) Incorporer graduellement le bouillon chaud. Ajoutez les boulettes de viande en dernier. Assaisonner au goût avec du sel, du poivre.

16. Soupe bulgare aux boulettes de viande

Ingrédient

- 1 livres   Le bœuf haché

- 6 cuillères à soupe de riz

- 1 cuillère à café de paprika

- 1 cuillère à café de sarriette séchée

- Sel poivre

- 2 Cubes de bouillon de boeuf

- $\frac{1}{2}$ Botte d'oignons verts; découpé en tranches

- 1 Poivron vert; haché

- 2 Carottes; pelées, tranchées minces

- 3 Tomates; pelé et haché

- 1 Sm. piments jaunes, fendus

- ½ Bouquet de persil; haché

- 1 Œuf

- 1 Citron (jus uniquement)

a) Mélanger le bœuf, le riz, le paprika et la sarriette. Assaisonner au goût avec du sel et du poivre.

b) Former des boules de 1 pouce, puis rouler dans la farine.

c) Mélanger l'eau, les cubes de bouillon, 1 cuillère à soupe de sel, 1 cuillère à café de poivre, les oignons verts, le poivron vert, les carottes et les tomates dans une grande bouilloire.

d) Couvrir, porter à ébullition, réduire le feu et laisser mijoter 30 minutes. Ajouter les boulettes de viande, couvrir et porter à nouveau à ébullition. Incorporer 1 à 2 cuillères à soupe de soupe chaude dans le mélange d'œufs, puis incorporer le mélange d'œufs dans la soupe.

e) Chauffer et remuer jusqu'à ce que la soupe épaississe légèrement, mais ne pas laisser bouillir.

17. Soupe d'escarole aux boulettes de viande

Ingrédient

Boulettes de viande-

- $\frac{1}{4}$ livres   Le bœuf haché

- 1 cuillère à soupe de parmesan râpé

- $\frac{1}{2}$ tranche de pain blanc, trempée dans du lait

- 1   Jaune d'œuf

- $\frac{1}{4}$ cuillère à café de sel

- $\frac{1}{8}$ cuillère à café de poivre blanc

- 1 cuillère à café d'italien frais haché

- Persil

- Soupe:

- 4 tasses de bouillon de poulet

- 1 Scarole de tête, lavée et

- Couper en morceaux de 1/2 pouce

- 1 petit   Oignon, haché

- $\frac{3}{4}$ tasse Pastina

- 2 Des œufs

- 2 cuillères à soupe de parmesan râpé

a) Mélangez tous les ingrédients dans un bol. Prenez une cuillère à soupe à la fois et formez des boules d'environ 1 pouce de diamètre.

b) Portez le bouillon de poulet à ébullition. Ajouter la scarole, l'oignon et les boulettes de viande et cuire 3 minutes. Ajoutez la pastina.

c) Dans un bol, fouetter ensemble les œufs, le sel et le fromage. Réduire le feu sur la soupe et incorporer rapidement le mélange d'œufs.

SALADE DE VIANDE

18. Boulettes de viande danoises avec salade de concombre

Ingrédient

- $1\frac{1}{2}$ livre de veau haché et de porc

- 1 Oignon

- 2 cuillères à soupe   Farine

- 2 cuillères à soupe   Chapelure; sec

- 2 Des œufs

- Sel poivre

Pour la salade de concombre

- 1   Concombre

- 2 tasses de vinaigre

- 2 tasses de sucre

- 2 tasses d'eau

- Sel poivre

a)   Mettre le veau et le porc hachés dans un bol,
     ajouter l'œuf, la farine et la chapelure sèche.

b)   Mélangez et mélangez dans l'oignon finement haché.
     Ajoutez du sel et du poivre au goût. Mettez le
     beurre dans une poêle chaude.

c)   Faites frire les boulettes de viande. Servir avec du
     pain brun danois et du beurre et une salade de
     concombre.

19. Salade de boulettes de viande à l'orientale

Ingrédient

- $\frac{1}{2}$ tasse de lait

- 2 Des œufs

- 3 tasses de chapelure molle

- 1 cuillère à café de sel d'oignon

- 1 livres   Le bœuf haché

- 2 cuillères à café d'huile d'arachide

- $8\frac{1}{4}$ onces Morceaux d'ananas

- 2 Poivrons verts, 2 carottes 2 tiges de céleri

- $\frac{1}{2}$ tasse de cassonade, tassée

- 2 cuillères à soupe de fécule de maïs

- $\frac{1}{2}$ tasse de vin blanc sec, $\frac{1}{2}$ tasse de vinaigre

- 2 cuillères à soupe de sauce soja

- 2 tomates, coupées en quartiers et laitue râpée

a) Mélanger les œufs et le lait, incorporer la chapelure, le sel d'oignon et $\frac{1}{8}$ c. Poivre. Ajouter le boeuf haché et bien mélanger. Façonner le mélange en boulettes de viande. Faites cuire les boulettes de viande.

b) Mélanger les morceaux d'ananas, le poivron vert, la carotte, le céleri et les boulettes de viande; mettre de côté.

c) Dans une petite casserole, mélanger la cassonade et la fécule de maïs; incorporer le $\frac{3}{4}$ tasse de liquide d'ananas, le vin, le vinaigre et la sauce soja. Cuire et remuer jusqu'à épaississement et pétillante. Versez le mélange chaud sur le mélange de boulettes de viande.

20. Boulettes de viande au chili tex-mex

Ingrédient

- 3 cuillères à soupe d'huile végétale

- 1 petit oignon, coupé en dés, environ 1/2 tasse

- 1 livres   Boeuf haché maigre

- 1 œuf large

- $1\frac{3}{4}$ tasse de chapelure fraîche

- ⅓tasse de Monterey Jack déchiqueté

- 1 poivron rouge et 1 poivron vert

- ⅓tasse de fromage cheddar

- $\frac{3}{4}$ cuillère à café de sel

- 6 tortillas de maïs

- 1 salsa piquante aux tomates

- 1 moyen   Oignon, en dés

- 1 grosse gousse d'ail écrasée

- 2 grandes Tomates mûres, coupées en dés

- $\frac{1}{2}$ cuillère à café de sauce piquante aux piments rouges

a) Dans une poêle de 12 po, à feu moyen-élevé, chauffer 1 c. À soupe d'huile végétale; ajouter l'oignon et la poudre de chili.

b) Retirer dans un grand bol, ajouter le bœuf, l'œuf, les piments, la chapelure, 1 c. de chacun des fromages et du sel. Façonner le mélange en boules de $1\frac{1}{4}$ ".

c) Dans une poêle à feu moyen-vif, cuire jusqu'à ce qu'il soit bien doré de tous les côtés et bien cuit.

d) Entre-temps, déposer les croustilles tortilla en une seule couche sur un moule à pâte roulée; cuire 10 minutes jusqu'à ce qu'elles soient croustillantes et dorées.

e) Préparez la salsa aux tomates piquante.

21. Boulettes de salade de poulet

Ingrédient

- 1 tasse de poulet haché

- 1 cuillère à soupe d'oignon haché

- 2 cuillères à soupe de piments; haché

- $\frac{1}{2}$ tasse de mayonnaise

- 1 tasse de pacanes hachées

a) Remuez le tout et mélangez bien. Réfrigérez 4 heures.

b) Façonner en boule de 1 pouce.

BOULES DE VIANDE ENVELOPPÉES ET FARCIES

22. Boulettes de viande enrobées de bacon

Ingrédient

- $\frac{1}{2}$ livres   Le bœuf haché

- $\frac{1}{4}$ tasse   Eau froide

- 2 cuillères à café   Oignons émincés

- $\frac{1}{2}$ cuillère à café Le sel

- $\frac{1}{4}$ cuillère à café Poivre assaisonné

- 4 tranches   Lard; coupé en deux crosswis

a) Combinez les 5 premiers ingrédients en mélangeant bien; façonner 8 boulettes de viande. Rouler les morceaux de bacon autour des boulettes de viande et les fixer avec des cure-dents.

b) faire sauter à feu moyen jusqu'à ce que le bacon soit croustillant et brun; égoutter la graisse. Si les boulettes de viande ne sont pas cuites, couvrir et laisser mijoter encore 5 à 7 minutes.

23. Dinde et boulettes de viande farcies

Ingrédient

- ½ tasse   Lait

- 1   Œuf

- 1 tasse   Mélange à farce au pain de maïs

- ¼ tasse   Céleri finement haché

- 1 cuillère à café Moutarde sèche

- 1 livres   Dinde hachée

- 1   16 oz de sauce aux canneberges en gelée

- 1 cuillère à soupe   cassonade
- 1 cuillère à soupe   sauce Worcestershire

a) Chauffer le four à 375 degrés F. Dans un grand bol, combiner le lait et l'œuf; bien battre.

b) Incorporer le mélange à farce, le céleri et la moutarde; bien mélanger. Ajouter la dinde; bien mélanger.

c) Façonner en 48 boules (1 po). Placer dans un plat de cuisson non graissé de 15 x 10 x 1 po.

d) Cuire au four à 375 degrés pendant 20 à 25 minutes ou jusqu'à ce que les boulettes de viande soient dorées et ne soient plus roses au centre.

e) Entre-temps, dans une grande casserole, mélanger tous les ingrédients de la sauce; bien mélanger. Porter à ébullition à feu moyen. Réduisez le feu à doux; laisser mijoter 5 minutes en remuant de temps en temps. Ajouter les boulettes de viande à la sauce; remuer doucement pour enrober.

24. Boulettes de viande farcies au fromage

Ingrédient

- 1 cuillère à soupe   Huile d'olive

- 2 cuillères à soupe   Oignon coupé en dés

- 8 onces   Bœuf haché maigre ou dinde

- 1 cuillère à soupe   Sauce soja

- $\frac{1}{4}$ cuillère à café Sauge séchée

- 4 onces   Cheddar ou fromage suisse; coupé en 8 cubes

a) Préchauffez le four à 325F.

b) Huiler un plat de cuisson peu profond avec un peu d'huile d'olive ou un spray à casserole.

c) Chauffer l'huile dans une poêle à feu moyen jusqu'à ce qu'elle soit chaude mais sans fumer. Ajouter l'oignon et faire revenir jusqu'à ce qu'il soit doré, environ 10 minutes.

d) Mélangez l'oignon, le bœuf, la sauce soja et la sauge. Divisez le mélange en huit portions. Prenez un morceau de fromage et recouvrez d'une portion du mélange pour former une forme de boulette de viande. Répétez pour former un total de huit boulettes de viande.

e) Placer les boulettes de viande dans la poêle huilée et cuire au four pendant 30 minutes.

25. Boulettes de viande farcies aux olives

Ingrédient

- 1 cuillère à soupe de beurre

- 1 tasse d'oignon, haché

- 2 petits   Gousses d'ail emincées

- 1¼ livres de viande hachée

- ½ tasse de chapelure molle

- ½ tasse de persil finement haché

- 1 gros œuf et 1 tasse de crème épaisse

- 16 petits Olives vertes farcies

- $\frac{1}{4}$ tasse d'huile d'arachide

- 3 cuillères à soupe de farine

- $\frac{1}{2}$ tasse de vin blanc sec et $1\frac{1}{2}$ tasse de bouillon de poulet

- 1 cuillère à soupe de pâte de tomate

- 1 cuillère à soupe de moutarde de Dijon

a) Faites cuire l'oignon et l'ail. Mettez la viande dans un bol et ajoutez l'oignon et l'ail cuits, la chapelure, le persil, l'œuf, la moitié de la crème et la muscade. Bien mélanger. Divisez en 16 portions égales.

b) Préparez les boules en scellant l'olive.

c) Cuire en les retournant souvent pour qu'ils dorent uniformément, environ 5 à 10 min.

d) Incorporer la farine, puis ajouter le vin. Cuire environ 1 min en remuant. Ajoutez les boulettes de viande.

e) Incorporez le reste de crème et la moutarde à la sauce.

26. Boulettes de viande farcies à la méditerranéenne

Ingrédient

- 1 grosse aubergine, pelée et coupée en cubes

- 4 Tomates, pelées et hachées

- 4 cuillères à soupe de persil frais

- Sel et poivre

- Ail, oignons et poivrons

- Thym et muscade

- $\frac{1}{2}$ tasse de bouillon de poulet

- $1\frac{1}{2}$ livres de viande hachée

- 2 tranches de pain

- ⅓ tasse de parmesan

- 1 oeuf

- Brocoli, chou-fleur, courgette

- Spaghetti ou autres pâtes

a) Préparer la sauce: faire revenir l'ail dans l'huile d'olive. Ajouter l'oignon et continuer à faire sauter.

b) Ajouter les poivrons verts, les courgettes, les aubergines et les tomates. Continuez à cuisiner; puis ajoutez le persil, le sel et le poivre, le thym et le bouillon de volaille.

c) Ajouter le beurre fondu, le sel et le poivre et réserver.

d) Faire des boules et presser un légume blanchi au centre de chaque boule.

e) Trempez les boules dans l'œuf, puis dans la chapelure et faites-les frire pendant 6 à 8 minutes jusqu'à ce qu'elles soient dorées.

PÂTES ET BOULES DE VIANDE

27. Casserole de spaghettis et boulettes de viande

Ingrédient

- 7 onces   Emballage de spaghettis non cuits

- 1 tasse   L'eau

- 28 onces Sauce à spaghetti en pot

- 12 Boulettes de viande précuites surgelées

- 2 cuillères à soupe   Parmesan râpé

- 2 cuillères à soupe   Persil finement haché

a) Graisser un plat de cuisson de 12 x 8 po (2 pintes). Dans un plat graissé, mélanger les spaghettis, l'eau et la sauce à spaghetti; bien mélanger. Ajoutez les boulettes de viande.

b) Chauffer le four à 350 degrés. Cuire au four, à couvert, pendant 45 minutes.

c) Découvrir le plat de cuisson; saupoudrer de fromage. Cuire au four, à découvert, 5 à 10 minutes supplémentaires ou jusqu'à ce que la casserole fasse des bulles et que le fromage soit fondu. Saupoudrer de persil.

28. Spaghetti aux boulettes de viande végétariennes

Ingrédient

- 3 Oignon

- ½ livres   Champignons - tranchés

- 4 cuillères à soupe   Huile d'olive

- 1 boîte de tomates

- 1 boîte de pâte de tomate

- 1 Branche de céleri hachée

- 3 Carottes, rapées

- 6 cuillères à soupe   Beurre

- 3 Œufs battus

- 1½ tasse de repas matzo

- 2 tasses de pois verts cuits

- 1 cuillère à café de sel et ¼ cuillère à café de poivre

- 1 livres   Spaghetti, cuit

a) Fromage suisse râpé

b) Faites cuire les oignons et les champignons coupés en dés dans l'huile pendant 10 minutes. Ajouter les tomates, la pâte de tomates et l'origan. Couvrir et cuire à feu doux 1 heure. Assaisonnement correct.

c) Faites cuire les oignons, le céleri et les carottes hachés dans la moitié du beurre pendant 15 minutes. Frais. Ajouter les œufs, 1 tasse de farine de matzo, les pois, le sel et le poivre.

d) Rouler en petites boules et tremper dans le reste de la farine de matzo.

29. Rigatonis et boulettes de viande au four

Ingrédient

- 3½ tasse de pâtes Rigatoni

- 1⅓tasse de Mozzarella, râpée

- 3 cuillères à soupe de parmesan, fraîchement râpé

- 1 livres   Du poulet ou du bœuf à la dinde hachée maigre peut être utilisé pour les boulettes de viande

a) Boulettes de viande: Dans un bol, battre légèrement l'œuf; mélanger l'oignon, la chapelure, l'ail, le parmesan, l'origan, le sel et le poivre. Incorporer la dinde. Façonnez des cuillerées à soupe en boules.

b) Dans une grande poêle, chauffer l'huile à feu moyen-vif; cuire les boulettes de viande, par lots si nécessaire, de 8 à 10 minutes ou jusqu'à ce qu'elles soient dorées de tous les côtés.

c) Ajouter l'oignon, l'ail, les champignons, le poivron vert, le basilic, le sucre, l'origan, le sel, le poivre et 2 cuillères à soupe d'eau dans la poêle; cuire à feu moyen, en remuant de temps en temps, pendant environ 10 minutes ou jusqu'à ce que les légumes soient ramollis. Incorporer les tomates et la pâte de tomates; faire bouillir. Ajouter des boulettes de viande

d) Entre-temps, dans une grande casserole d'eau bouillante salée, cuire les rigatoni et les transférer dans un plat allant au four de 11 x 7 po ou dans une cocotte peu profonde de 8 tasses.

e) Saupoudrer uniformément de mozzarella, puis de parmesan. Cuire

30. Penne au four avec boulettes de dinde

Ingrédient

- 1 livres   Dinde hachée

- 1 grosse gousse d'ail; haché

- $\frac{3}{4}$ tasse de chapelure fraîche

- $\frac{1}{2}$ tasse d'oignon finement haché

- 3 cuillères à soupe de pignons de pin; grillé

- $\frac{1}{2}$ tasse de feuilles de persil frais hachées

- 1 œuf large; battu légèrement

- 1 cuillère à café de sel

- 1 cuillère à café de poivre noir

- 4 cuillères à soupe d'huile d'olive

- 1 livres   Penne

- 1½ tasse de fromage mozzarella râpé grossièrement

- 1 tasse de fromage romano fraîchement râpé

- 6 tasses de sauce tomate

- 1 conteneur; (15 oz) de fromage ricotta

a) Dans un bol, bien mélanger la dinde, l'ail, la chapelure, l'oignon, les pignons de pin, le persil, l'œuf, le sel et le poivre et former des boulettes de viande et cuire.

b) Cuire les pâtes

c) Dans un petit bol, mélanger la mozzarella et le romano. Verser environ 1½ tasse de sauce tomate et la moitié des boulettes de viande dans le plat préparé et déposer la moitié des pâtes sur le dessus.

d) Étendre la moitié de la sauce restante et la moitié du mélange de fromage sur les pâtes. Garnir du reste des boulettes de viande et déposer des cuillerées de ricotta sur les boulettes de viande. Cuire les penne au centre du four de 30 à 35 minutes.

31. Boulettes de viande et pâtes picante con queso

Ingrédient

- 1 livres   Le bœuf haché

- 1 tasse de chapelure fraîche

- $\frac{3}{4}$ tasse de sauce Picante

- $\frac{1}{4}$ tasse d'oignon - émincé

- 2 cuillères à soupe   Persil - émincé

- 1   Œuf

- 1 cuillère à café de sel

- 2 cuillères à café de cumin moulu

- 15 onces de sauce tomate

- ½ livres   Velvetta, en cubes

- 1½ cuillère à café de poudre de chili

- 1 cuillère à café de coriandre moulue

- 1 livres   Pâtes aux cheveux d'ange; cuit

- ⅓tasse de coriandre fraîche - hachée

a) Mélanger le bœuf, la chapelure, ¼ tasse de sauce picante, l'oignon, le persil, l'œuf, le sel et ½ cuillère à café de cumin; bien mélanger.

b) Façonner en boules de 1 ". Placer les boulettes de viande sur un moule à roulé de 15 x 10". Cuire au four à 350 ~ pendant 15 minutes. Égouttez la graisse.

c) Mélanger la sauce tomate, la ½ tasse restante de sauce picante, la velvetta, le chili en poudre, le reste de cumin et la coriandre dans une grande casserole.

d) Cuire à feu doux, en remuant fréquemment jusqu'à ce que le fromage soit fondu. Ajouter les boulettes de viande; laisser mijoter jusqu'à ce que le tout soit bien chaud. Verser sur les pâtes; saupoudrer de coriandre, si désiré.

32. Boulettes de viande et macaronis raccourcis

Ingrédient

- 1 Oignon finement coupé

- 1 tasse   Céleri en dés

- 2 Carottes; coupez comme vous le souhaitez, jusqu'à 3

- 2 cuillères à soupe   Purée de tomates

- 3 tasses L'eau

- Le sel

- Poivre

- Feuille de laurier

- 2 cuillères à soupe   Huile; jusqu'à 3

- 1 livres   Viande hachée; (le meilleur est la dinde)

- 1 tranche Chala trempé; égoutté et écrasé

- 3 Des œufs

  α) Un peu de farine

  β) Sauce: dans une grande casserole, chauffer l'huile, ajouter l'oignon, le céleri, les carottes, la purée de tomates, l'eau et les épices et laisser mijoter. En attendant, préparez les boulettes de viande.

  χ) Boulettes de viande: combiner et former des boulettes de viande d'environ 12 à 14. Rouler dans la farine et déposer la sauce bouillante. Cuire 40 minutes à feu doux. Assurez-vous d'avoir suffisamment de liquides, vous en aurez besoin pour les macaronis.

  δ) Faire bouillir 250-400 ($\frac{1}{2}$-$\frac{2}{3}$livre) de macaronis courts pendant $\frac{2}{3}$du temps recommandé. Cuire au four pendant 20-30 jusqu'à ce qu'il soit chaud

33. Boulettes de viande et sauce spaghetti

Ingrédient

- Coupe   - Boulettes de viande -

- ¼ cuillère à café Le sel

- ¼ cuillère à café Poivre noir moulu

- ½ tasse   Fromage parmesan râpé

- 1 livres   Boeuf haché maigre, ou

- Poulet haché, ou

- Sauce spagetti de dinde hachée -

- 1 livres   Boeuf haché maigre
- 1 cuillère à soupe   Huile d'olive
- 2 Oignons émincés
- 4 Gousses d'ail écrasées ou
- 2 Ail haché
- 14 onces Can sauce tomate
- ½ tasse   Vin rouge (facultatif)
- 1 Poivron vert doux
- 1 cuillère à café Feuilles de basilic séchées
- ½ cuillère à café Origan feuille

a) Façonner la viande en boulettes de 1 pouce. Ajouter à la cuisson de la sauce à spaghetti.

b) Chauffer l'huile dans une grande casserole à feu moyen. Ajoutez les oignons et l'ail. faire sauter pendant 2 min. Ajoutez le reste des ingrédients. Couvrir et porter à ébullition en remuant souvent.

c) Ensuite, réduisez le feu et laissez mijoter en remuant souvent pendant au moins 15 min.

34. Boulettes de viande à la sauce épicée

Ingrédient

- $\frac{3}{4}$ cuillère à soupe de fécule de maïs

- $\frac{1}{2}$ cuillère à café de sucre

- $\frac{1}{8}$ cuillère à café de bicarbonate de soude

- $\frac{1}{8}$ cuillère à café de poivre noir

- $\frac{1}{4}$ cuillère à café de sauce soja; faible teneur en sodium

- 1 cuillère à soupe de vin blanc sec

- $1\frac{1}{2}$ cuillère à café de sauce aux huîtres

- 2 cuillères à soupe d'oignons émincés

- $\frac{1}{2}$ livres   Poitrine de dinde hachée

- 2 cuillères à soupe de pâte de chili

- 2 cuillères à soupe de sauce aux huîtres

- 2 cuillères à soupe de Ketchup

- 4 onces   Nouilles Somen

- 2 Oignons verts; haché

- 6 gouttes d'huile de sésame

a) Dans un grand bol, mélanger la fécule de maïs, le sucre, le bicarbonate de soude, le poivre noir, la sauce soya, le vin, la sauce aux huîtres, l'eau froide et l'oignon. Ajouter la dinde hachée.

b) Dans un petit bol, mélangez tous les ingrédients de la sauce. Chauffez un wok antiadhésif à puissance élevée pendant 30 secondes. Ajouter les ingrédients de la sauce et porter à ébullition. Réduire le feu à moyen et ajouter les boulettes de viande. Couvrir et cuire 3-4 min.

c) Pendant ce temps, faites cuire les nouilles Somen selon les instructions sur l'emballage. Égoutter et mettre dans un bol. Saupoudrer d'huile de sésame et de graines de sésame. Ajouter les oignons verts et bien mélanger.

35. Boulettes de viande aux nouilles au yogourt

Ingrédient

- 2 livres   Le bœuf haché

- Pincée de piment de Cayenne, curcuma, coriandre et
  cannelle

- Sel et poivre noir

- 2 Gousses d'ail

- 1 cuillère à soupe d'huile végétale

- 1   oignon espagnol

- 6 grandes Tomates italiennes mûres - cœur,

- 4   Tomates séchées

- Nouilles

a) Dans un bol, mélanger le bœuf, la cannelle, la coriandre, le curcuma, le poivre de Cayenne, le sel, le poivre et la moitié de l'ail. Avec des mains propres, bien mélanger, puis façonner la viande en boulettes de viande de $\frac{3}{4}$ de pouce. Mettez-les de côté.

b) Dans une grande cocotte, faites chauffer l'huile, ajoutez l'oignon et ajoutez les boulettes de viande. Faites cuire en les retournant souvent.

c) Ajouter les tomates italiennes et l'ail restant. Ajouter les tomates séchées au soleil, le sel et le poivre et cuire le mélange pendant 5 minutes à feu doux en remuant une ou deux fois.

d) Pour les nouilles: porter à ébullition une grande casserole d'eau. Ajouter les nouilles et cuire.

e) Incorporer le yogourt, l'ail et le sel. Bien mélanger et transférer dans 6 bols larges.

36. Stracciatelle aux boulettes de viande

Ingrédient

- 1 quart   Bouillon de poulet

- 2 tasses   L'eau

- ½ tasse   pastina

- 1 cuillère à café Persil frais, haché

- ½ livres   Boeuf haché maigre

- 1   Œuf

- 2 cuillères à café   Chapelure aromatisée

- 1 cuillère à café Fromage râpé

- 1 Carotte, tranchée mince

- $\frac{1}{2}$ livres Épinards, juste les feuilles

- Partie julienne

- 2 cuillères à café   Persil frais, haché

- 1 petit Oignon émincé

- 2 Des œufs

- Fromage râpé

a) Dans une marmite à soupe, mélanger les ingrédients de la soupe et porter à ébullition. Mélangez les ingrédients de la viande dans un bol, de nombreuses petites boulettes de viande et déposez-les dans le mélange de bouillon bouillant.

b) Dans un petit bol, battez 2 œufs. Avec une cuillère en bois, remuez la soupe en y déposant lentement les œufs, en remuant constamment. Retirer du feu. Couvrir et laisser reposer 2 minutes.

c) Servir avec du fromage râpé.

37. Beignets de mozzarella et spaghettis

Ingrédient

- 2 Gousses d'ail

- 1 petit   Persil frais Bunc

- 3 Oignons de salade; émincé

- 225 grammes de porc haché maigre

- 2 cuillères à soupe de parmesan fraîchement râpé

- 1 cuillère à soupe d'huile d'olive

- 150 grammes de spaghettis ou tagliatelles

- 100 millilitres de bouillon de bœuf chaud

- 1 400 grammes de tomates hachées
- 1 pincée de sucre et 1 trait de sauce soja
- Sel et poivre
- 1 oeuf
- 1 cuillère à soupe d'huile d'olive
- 75 millilitres de lait
- 50 grammes de farine ordinaire
- 150 grammes de mozzarella fumée
- Huile de tournesol; pour la friture
- 1 citron

a) Écrasez l'ail et hachez finement le persil. Mélangez la viande hachée, la salade d'oignons, l'ail, le parmesan, le persil et beaucoup de sel et de poivre.

b) Façonner en huit boules fermes.

c) Faites cuire les boulettes de viande jusqu'à ce qu'elles soient bien dorées. Versez le bouillon.

d) Faites cuire les pâtes dans une grande casserole d'eau bouillante salée.

38. Soupe aux boulettes de viande et raviolis

Ingrédient

- 1 cuillère à soupe d'huile d'olive ou d'huile de salade

- 1 gros oignon; haché finement

- 1 Gousse d'ail; haché

- 28 onces de tomates en conserve; haché

- $\frac{1}{4}$ tasse de pâte de tomate

- 13 onces de bouillon de boeuf

- $\frac{1}{2}$ tasse de vin rouge sec

- 1 pincée de basilic séché, thym et origan

- 12 onces de ravioli; fourré au fromage

- $\frac{1}{4}$ tasse de persil; haché

- Parmesan; râpé

- 1 oeuf

- $\frac{1}{4}$ tasse de chapelure molle

- $\frac{3}{4}$ cuillère à café de sel d'oignon

- 1 gousse d'ail; haché

- 1 livres   Boeuf haché maigre

a) Faire revenir soigneusement les boulettes de viande dans l'huile chauffée.

b) Incorporer l'oignon et l'ail et cuire environ 5 minutes en prenant soin de ne pas casser les boulettes de viande. Ajouter les tomates et leur liquide, la pâte de tomates, le bouillon, le vin, l'eau, le sucre, le basilic, le thym et l'origan. Ajouter les raviolis

39. Linguine à la lotte

Ingrédient

- 4 cuillères à soupe   huile d'olive vierge

- 1 moyen   Oignon rouge; haché finement

- 1 petit   Courgette; couper des allumettes 1/4 "

- 2 cuillères à soupe   Feuilles de thym frais

- $\frac{1}{2}$ livres   Filet de lotte fraîche

- $1\frac{1}{2}$ tasse   Sauce tomate basique

- 1 tasse de vin blanc sec

- Le sel; goûter

- Poivre noir fraichement moulu; goûter

- 8 onces Pâtes linguines

- $\frac{1}{4}$ tasse de persil italien finement haché

a) Dans une poêle de 12 pouces, chauffer l'huile à feu moyen. Ajouter l'oignon, les courgettes et les feuilles de thym et faire revenir jusqu'à ce qu'ils soient brun clair et très tendres.

b) Couper la lotte en cubes de $\frac{3}{4}$ de pouce et assaisonner de sel et de poivre. Ajouter la lotte à la sauteuse et mélanger jusqu'à ce qu'elle soit cuite et commence à blanchir (environ 1 minute).

c) Ajouter la sauce tomate de base et le vin blanc et porter à ébullition. Baisser le feu et laisser mijoter 10 minutes. Déposer les linguine dans l'eau bouillante et cuire selon le mode d'emploi de l'emballage:. Égoutter les pâtes dans une passoire au-dessus de l'évier et les mélanger avec la lotte. Ajouter le persil et mélanger à feu moyen jusqu'à ce qu'il soit cuit. Verser dans un bol de service chaud et servir immédiatement.

BOULES DE VIANDE VEGAN

40. Boules de tofu

Ingrédient

- 6 tasses d'eau; ébullition

- 5 tasses de tofu; en miettes

- 1 tasse de chapelure de grains entiers

- $\frac{1}{4}$ tasse de Tamari

- $\frac{1}{4}$ tasse de levure nutritionnelle

- $\frac{1}{4}$ tasse de beurre d'arachide

- Substitut d'oeuf pour 1 oeuf

- $\frac{1}{2}$ tasse d'oignon; haché finement

- 4 Gousses d'ail; pressé

- 1 cuillère à café de thym

- 1 cuillère à café de basilic

- $\frac{1}{4}$ cuillère à café de graines de céleri

- $\frac{1}{4}$ cuillère à café de clous de girofle; terre

a) Mettez tous les tofu émiettés sauf 1 tasse dans l'eau bouillante. Appuyez sur le tofu.

b) Ajouter le reste des ingrédients au tofu pressé et bien mélanger.

c) Façonnez le mélange en boules de la taille d'une noix et placez-les sur une plaque à biscuits bien huilée.

d) Cuire au four à 350 degrés pendant 20-25 minutes ou jusqu'à ce que les boules soient fermes et dorées. Retournez-les une fois pendant la cuisson si nécessaire.

41. Pâtes tout-en-un aux boulettes de viande végétaliennes

Ingrédients

- Fleurons de chou-fleur de 250 g / 9 oz, cuits

- 200 g / 7 oz d'épinards hachés surgelés, décongelés

- 400g de haricots noirs en conserve, égouttés

- 2 gousses d'ail écrasées ou râpées

- 2 cuillères à café de sauce soja

- 1 cuillère à café d'herbes séchées mélangées

- 150g / 5½ oz d'avoine

- sauce

Méthode

a) Faites cuire les fleurons de chou-fleur dans une casserole d'eau bouillante.

b) Râpez le chou-fleur dans un bol, puis ajoutez les épinards, les haricots, l'ail, la sauce soja et le mélange d'herbes. Travailler le mélange avec un presse-purée pour former une pâte rugueuse.

c) Mélangez les flocons d'avoine en une poudre fine, puis ajoutez-les dans le bol et mélangez pour combiner. Rouler le mélange en boules.

d) Faites frire les boulettes de légumes par lots jusqu'à ce qu'elles soient dorées. Versez la sauce dans la casserole, puis disposez les pâtes séchées sur le dessus. Cuire

42. Boulettes de viande végétaliennes cuites au four

Ingrédients

- 1 cuillère à soupe de graines de lin moulues

- 1/4 tasse + 3 cuillères à soupe de bouillon de légumes

- 1 gros oignon, pelé et coupé en quartiers

- 2 gousses d'ail pelées

- 12 oz (0,75 lb) / 340 grammes de viande végétale Impossible Burger

- 1 tasse de chapelure

- 1/2 tasse de parmesan végétalien

- 2 cuillères à soupe de persil frais, haché finement

- Sel et poivre au goût

- Huile de cuisson en aérosol (si vous utilisez la cuisson sur la cuisinière)

Les directions:

α) Ajouter l'oignon et l'ail dans un robot culinaire et mélanger jusqu'à ce qu'ils soient réduits en purée.

β) Dans un grand bol à mélanger, ajoutez l'œuf de lin, 1/4 tasse de bouillon de légumes, l'oignon et l'ail en purée, la viande végétale Impossible Burger, la chapelure, le parmesan végétalien, le persil et une pincée de sel et de poivre. Bien mélanger pour combiner.

χ) Former le mélange de boulettes de viande végétalien en 32 boules.

δ) Placer les boulettes de viande végétaliennes sur la plaque à pâtisserie tapissée et cuire au four pendant environ 10 minutes, ou jusqu'à ce qu'elles soient dorées.

43. Boulettes de viande sans viande

Ingrédients

- 1 cuillère à soupe d'huile d'olive
- 1 livre de champignons blancs frais
- 1 pincée de sel
- 1 cuillère à soupe de beurre
- $\frac{1}{2}$ tasse d'oignon finement haché
- 4 gousses d'ail émincées
- $\frac{1}{2}$ tasse d'avoine à cuisson rapide
- 1 once de parmesan très finement râpé
- $\frac{1}{2}$ tasse de chapelure
- $\frac{1}{4}$ tasse de persil plat (italien) haché
- 2 œufs, divisés

- 1 cuillère à café de sel
- poivre noir fraîchement moulu au goût
- 1 pincée de poivre de Cayenne, ou au goût
- 1 pincée d'origan séché
- 3 tasses de sauce pour pâtes
- 1 cuillère à soupe de parmesan très finement râpé
- 1 cuillère à soupe de persil plat (italien) haché, ou au goût

les directions

a) Chauffer l'huile d'olive dans une poêle à feu moyen-vif. Ajouter les champignons à l'huile chaude, saupoudrer de sel, cuire et remuer jusqu'à ce que le liquide des champignons se soit évaporé.

b) Incorporer le beurre aux champignons, réduire le feu à moyen et cuire et remuer les champignons jusqu'à ce qu'ils soient dorés, environ 5 minutes

44. Boulettes de viande végétariennes

Ingrédients

- 1 tasse de lentilles séchées (ou 2 1/2 tasses cuites)

- 1/4 tasse d'huile d'olive

- 1 petit oignon, environ 1 tasse haché

- 8 oz de champignons Cremini

- 3 gousses d'ail émincées

- 1 1/2 tasse de chapelure Panko

- Pincée d'assaisonnement italien et poivre de Cayenne

- 2 1/2 c. À thé de sel, divisé

- 2 oeufs

- 1 tasse de parmesan

Méthode

a) Dans un grand bol, mélanger les moitiés de tomates avec 1 cuillère à café d'assaisonnement italien, 1 cuillère à café de sel et 1/4 tasse d'huile d'olive.

b) Mélangez les champignons dans un robot culinaire jusqu'à ce qu'ils aient à peu près la taille d'un petit pois.

c) Lorsque l'huile est chaude, ajoutez l'oignon et faites revenir environ 3 minutes, jusqu'à ce qu'il soit translucide. Ajouter l'ail et les champignons pulsés et faire sauter.

d) Dans un grand bol, combiner le mélange de lentilles aux champignons avec la chapelure panko et les épices. Formez des boules et faites cuire au four.

45. Boulettes de viande à l'origan citronné

Ingrédients

- 1 cuillère à soupe de graines de lin moulues

- 1 cuillère à soupe d'huile d'olive, plus un supplément

- 1 petit oignon jaune et 3 gousses d'ail

- 1 pincée d'origan, oignon en poudre, tamari

- ½ cuillère à café de piments moulus

- sel de mer et poivre noir moulu, au goût

- 1 ½ cuillère à soupe de jus et de zeste de citron

- 1 tasse de moitiés de noix

- $\frac{3}{4}$ tasse de flocons d'avoine

- 1 $\frac{1}{2}$ tasse de haricots blancs cuits

- $\frac{1}{4}$ tasse de persil frais et $\frac{1}{4}$ tasse d'aneth frais

Les directions:

a) Dans un petit bol, mélanger le lin moulu et l'eau. Faites sauter les oignons et ajoutez l'ail et l'origan.

b) Ajouter la levure nutritionnelle, le piment, l'oignon en poudre, le sel et le poivre dans la poêle et remuer pendant environ 30 secondes. Versez leur jus de citron.

c) Mélangez les noix, les haricots et l'avoine jusqu'à ce que vous ayez un repas grossier. Ajouter le mélange de gel de lin, le mélange d'oignon et d'ail sautés, le tamari, le zeste de citron, le persil, l'aneth et de grosses pincées de sel et de poivre.

d) Roulez-le en boule et faites cuire les boulettes de viande pendant 25 minutes.

46. Boulettes de viande aux lentilles

Ingrédients

- 1 oignon jaune finement haché

- 1 grosse carotte pelée et coupée en dés

- 4 gousses d'ail émincées

- 2 tasses de lentilles vertes cuites (environ 3/4 tasse sèches) ou 2 tasses en conserve

- 2 cuillères à soupe de concentré de tomate

- 1 cuillère à café d'origan

- 1 cuillère à café de basilic séché

- 1/4 tasse de levure nutritionnelle

- 1 cuillère à café de sel de mer

- 1 tasse de graines de citrouille

les directions

a) Former une boule

b) Cuire

47. Copycat Ikea Boules Veggie

Ingrédients

- 1 boîte de pois chiches (en conserve) 400 g / 14 oz

- 1 tasse d'épinards surgelés

- 3 carottes (moyennes)

- $\frac{1}{2}$ poivron

- $\frac{1}{2}$ tasse de maïs sucré (en conserve)

- 1 tasse de pois verts (frais, surgelés ou en conserve)

- 1 oignon (moyen)

- 3 gousses d'ail

- 1 tasse de farine d'avoine commencer par $\frac{1}{2}$ tasse et ajuster en fonction de la teneur en humidité du mélange

- 1 cuillère à soupe d'huile d'olive

- assaisonnement

Les directions:

a) Ajouter tous les légumes au robot culinaire et battre jusqu'à ce qu'ils soient finement hachés. Cuisinier.

b) Ajoutez maintenant les épinards surgelés, mais décongelés ou frais, la sauge séchée et le persil séché. Mélanger et cuire 1 à 2 minutes.

c) Ajouter les pois chiches et les légumineuses en conserve jusqu'à ce qu'ils soient combinés.

d) Pour faire des boules de veggie, ramassez une boule comme de la crème glacée, puis terminez de la former avec les mains.

e) Placez les boules sur un papier sulfurisé ou une plaque à pâtisserie. Faites-les cuire au four pendant 20 minutes jusqu'à ce qu'ils aient une croûte croustillante.

48. Boulettes de viande de quinoa

INGRÉDIENTS

- 2 tasses de quinoa cuit

- $\frac{1}{4}$ tasse de parmesan râpé

- $\frac{1}{4}$ tasse de fromage asiago râpé

- $\frac{1}{4}$ tasse de basilic frais, émincé

- 2 cuillères à soupe de coriandre fraîche, émincée

- 1 cuillère à café d'origan frais, émincé

- ½ cuillère à café de thym frais

- 3 petits gants d'ail, finement émincés

- 1 œuf large

- 2 grosses pincées de sel casher

- ½ cuillère à café de poivre noir

- ¼ tasse de chapelure assaisonnée à l'italienne

- 1 pincée à ¼ cuillère à café de flocons de piment rouge broyés

Les directions:

a) Mélangez tous les ingrédients dans un grand bol. Versez un peu d'huile d'olive dans la poêle préchauffée.

b) Formez une boulette de viande un peu plus petite qu'une balle de golf et placez la boulette de viande dans la poêle en commençant par le centre. .

c) Cuire au four ou transférer sur une plaque à pâtisserie à rebord et cuire au four préchauffé pendant 25 minutes.

49. Boulettes de viande aux pois chiches épicés

Ingrédients

- 1 cuillère à soupe de farine de graines de lin
  (graines de lin moulues)

- 14 onces boîte de pois chiches, égouttés et rincés

- 1 1/2 tasse de farro cuit

- 1/4 tasse d'avoine à l'ancienne

- 2 gousses d'ail pressées

- 1 cuillère à café de racine de gingembre finement râpée

- 1/2 cuillère à café de sel

- 1 cuillère à soupe d'huile de sésame pimentée

- 1 cuillère à soupe de sriracha

Les directions:

a) Préchauffez votre four à 400 degrés Fahrenheit. Tapisser une plaque de cuisson avec du papier d'aluminium et régler l'aide.

b) Combinez la farine de graines de lin avec 3 cuillères à soupe d'eau; remuer et laisser reposer 5 minutes.

c) Placez les pois chiches, le farro, l'avoine, l'ail, le gingembre, le sel, l'huile de sésame et la sriracha dans le bol d'un grand robot culinaire ou d'un mixeur. Verser le mélange de lin reposé («œuf de lin») et mélanger jusqu'à ce que les ingrédients soient juste combinés.

d) Rouler le mélange en boules d'une cuillère à soupe et cuire au four.

50. Boulettes de viande aux champignons végétaliennes

Ingrédients

- 1 cuillère à soupe de graines de lin moulues
- 3 cuillères à soupe d'eau
- 4 onces de champignons Baby Bella
- ½ tasse d'oignon en dés
- 1 cuillère à soupe d'huile d'olive divisée
- ¼ cuillère à café de sel
- 1 cuillère à soupe de sauce soja
- 1 cuillère à soupe d'assaisonnement italien
- 1 boîte (15 onces) de pois chiches égouttés

- 1 tasse de chapelure nature
- 1 cuillère à soupe de levure nutritionnelle
- 1 cuillère à café de sauce Worcestershire

Les directions:

a) Hachez grossièrement les champignons et coupez l'oignon en dés.

b) Dans une poêle moyenne, chauffer 1 cuillère à soupe d'huile d'olive à feu moyen-vif. Une fois chaud, ajoutez les champignons et l'oignon et saupoudrez de $\frac{1}{4}$ cuillère à café de sel. Faire sauter pendant 5 minutes ou jusqu'à ce que les champignons soient ramollis.

c) Ajouter la sauce soja et l'assaisonnement italien et cuire encore une minute.

d) Mélanger les pois chiches, l'œuf de lin, la chapelure, la levure nutritionnelle, la sauce Worcestershire et l'oignon et les champignons sautés dans un robot culinaire avec une lame standard. Pulse jusqu'à ce que la plupart du temps en panne Quelques petits morceaux de pois chiches ou de champignons devraient encore exister.

e) Utilisez des mains propres pour rouler le mélange de boulettes de viande en 12 boules de la taille d'un ping-pong.

f) Cuire au four pendant 30 minutes dans un four à 350 degrés.

CONCLUSION

La plupart d'entre nous associons les boulettes de viande aux classiques de la cuisine italo-américaine: sauce marinara mijotée lentement enrobant les boules parfumées à l'origan, empilées sur des spaghettis. Mais les boulettes de viande apparaissent également dans la cuisine d'autres cultures, du Moyen-Orient à l'Asie du Sud-Est. Après tout, une boulette de viande utilise souvent des morceaux de viande moins désirables - ceux qui nécessitent un hachage fin et une foule de compléments pour être correctement appréciés - et les cuisiniers du monde entier ont donc réalisé qu'ils étaient un moyen idéal d'utiliser des morceaux supplémentaires de durs. , épaule de porc grasse.

Les saveurs dont vous rêvez actuellement peuvent probablement être adaptées à la formule de la viande, du pain, des œufs et du sel. En fait, vous n'avez même pas besoin de viande pour une boulette de viande. Nous avons une boule végétarienne dont nous sommes vraiment fiers!

Lightning Source UK Ltd.
Milton Keynes UK
UKHW020807180621
385732UK00001B/86